DONATIEN

OU

LE SOCIALISME

JUGÉ PAR LE BON SENS.

AUX ATELIERS, AUX CHAUMIÈRES, AUX CHATEAUX,
A TOUS;

PAR UN CAMPAGNARD.

Nous voulons que les chaumières
deviennent des châteaux.

(*Socialisme.*)

DEUXIÈME ÉDITION.

PARIS.

SAGNIER ET BRAY, LIBRAIRES-ÉDITEURS,
RUE DES SAINTS-PÈRES, 64.

1849

Répandre ce petit livre est une œuvre de charité sociale et chrétienne, l'humble auteur vous supplie de la partager avec lui.

Imp. BAILLY, DIVRY et Cⁿ, place Sorbonne, 2.

PRÉFACE.

On se demande avec anxiété ce que deviendra, en France, la fortune publique et privée, ce que deviendra l'ordre moral, et même l'ordre matériel, sous les coups incessants des *novateurs*, qui veulent tout abattre pour reconstruire une société de leur façon. Les doctrines du socialisme ne sont donc pas restées dans la région des utopies; elles sont descendues des écoles rationalistes jusque dans les ateliers, jusque dans les chaumières. Là, les classes laborieuses et souffrantes les ont recueillies avec avidité, et s'en sont enivrées comme d'un breuvage d'espérance : et c'est un breuvage de mort!

A ces populations dont la raison chancelle, quel appui offrir? Une réfutation dogmatique des doctrines *socialistes* et une série de raisonnements abstraits sur des questions arides nous ont paru un secours impuissant. Nous avons donc cherché à redresser le bon sens des masses, courbé, faussé par l'erreur, dans un livre de forme légère, vive et plaisante, selon le goût et à la portée des classes laborieuses au milieu desquelles nous avons toujours vécu. A l'aide de l'aventure électorale d'un terrassier, l'ouvrier, l'homme des champs est prémuni contre les excitations du journalisme et les clameurs des clubs. L'envie, la jalousie contre le riche est arrachée du cœur des pauvres; le travailleur supporte ses labeurs, estime son état, s'attache à sa famille et sait à quelles conditions il peut se procurer l'aisance et le bien-être *possible*. — Les grands mots *travailleurs, peuple, égalité*, si souvent exploités pour égarer les ignorants, sont ramenés à leur signification vraie ; — les roueries, les intrigues des meneurs en *élections* qui faussent le *suffrage universel* sont exposées aux yeux et aux mépris du peuple, afin qu'il soit averti à l'avenir. — Enfin, la Religion apparaît avec son inépuisable charité, réparant les ruines faites par le socialisme.

Ce n'est donc point le socialisme doctrinal que nous combattons ici, c'est le socialisme devenu l'homme *ennemi* semant l'ivraie dans le champ du père de la famille humaine, pérorant dans les ateliers, endoctrinant les campagnards par la bouche de ses émissaires. Nous plaçons le signalement de cet *être dangereux* sous les regards des populations, pour qu'elles le reconnaissent et lui tournent le dos.

DONATIEN

OU

LE SOCIALISME

JUGÉ PAR LE BON SENS.

———◦◦———

I.

> Il serait facile de mettre en scène
> le bel esprit et le paysan; et, sans
> rien outrer, on pourrait donner au
> bon sens du villageois, même dans
> les choses les plus importantes, l'a-
> vantage sur l'esprit du sophiste.
>
> (DE BONALD.)

Après sept années passées dans les fatigues de
la guerre et les travaux de colonisation, Donatien
quitta le service militaire. Rentré dans sa commune,
il s'était construit, sur une élévation, à peu de
distance de la forêt, près d'une fontaine, une demeure de chétive apparence : murailles de terre et

toit de chaume. La stricte nécessité en avait tracé le plan, et la main du soldat-colon l'avait exécuté sans le secours d'un bras étranger.

Dans cette étroite chaumière, il y avait à peu près autant de bonheur que dans les vastes appartements d'un château ; c'est-à-dire, que là vivaient, au milieu des joies et des douleurs de la famille, un mari, une épouse et des enfants.

Quand le travail de la journée de Donatien avait gagné le pain mangé par son épouse et ses enfants, ce jour-là, Donatien était content ; et même, quand il n'avait rien gagné, il était encore sans inquiétude, car il avait dit le matin, en regardant le ciel : « Donnez-nous, aujourd'hui, notre pain de chaque « jour. »

Les années s'écoulaient donc, pour les habitants de cette chaumière, comme elles s'écoulent pour tous les mortels, dans l'inévitable alternative de jours calmes et de jours troublés. On y entendait quelquefois des ris, plus souvent des plaintes, mais rarement les larmes y coulaient, car on s'aimait, dans cette chaumière.

Cependant, un ami du peuple, un de ces hommes qui ne respirent, ne parlent, n'agissent que pour le peuple, parcourait cette contrée encore étrangère au progrès de la civilisation. Il était envoyé par le ministre de l'agriculture, avec la mission spéciale d'y étudier les ressources agricoles, industrielles et commerciales de ce pays arriéré. Il devait méditer sur les lieux et préparer une série de mesures pour le défrichement des terres incultes, le desséchement des marais, l'irrigation des prairies, le perfectionnement des races nécessaires à l'alimentation du peuple ; il devait aussi s'intéresser à la recherche, à la préparation, à l'emploi des substances fertilisantes, à l'extension des cultures fourragères ; mais, surtout et avant tout, il était chargé, pour accélérer le mouvement civilisateur dans cette région, de fonder un institut agricole théorique et pratique, et aussi des institutions hippiques, le tout sur les bases les plus démocratiques (1).

C'était, du reste, un habile architecte, un savant distingué, un excellent écrivain politique, remarqué entre tous par ses articles sur la constitution à donner à la France, sur le reboisement, sur les classes professionnelles, sur les haras, sur l'armée, et, spécialement, par des pages immortelles sur l'organisation du travail.

Ce grand homme se trouvait alors vis-à-vis de l'humble cabane : c'était une bonne fortune pour lui, l'ami des classes déshéritées, et pour la cabane

____

(1) Voyez, au *Moniteur* du mois de mai 1848, les idées et le style du citoyen Flocon, ministre de l'agriculture et du commerce.

que, dans sa pensée socialiste et humanitaire, il allait bientôt changer en château.

Il entre, salue avec affabilité la pauvre famille qu'il trouve assise autour d'une table couverte d'un linge grossier, mais très-propre, et d'une nourriture simple, mais fortifiante, et s'adressant à Donatien : «Pardonnez-moi, dit-il, d'avoir osé fran-
« chir le seuil de votre demeure ; c'est mon cœur
« qui m'a pressé d'entrer : j'ai voulu voir de mes
« yeux et toucher de mes mains les plaies hideuses
« que notre société sans entrailles inflige au prolé-
« taire. Ce jour sera une époque dans ma vie, et
« même le plus beau de mes beaux jours, si vous
« daignez accueillir dans ma personne un ami, un
« travailleur de la pensée, comme vous l'êtes du
« bras, et me permettre de m'asseoir à votre table
« et de rompre avec vous le pain des sueurs. »

Donatien, sans perdre le temps à écouter des mots qu'il ne comprenait guère, avait déjà approché de la table la moins boîteuse de ses chaises, et Marie, son épouse, courait à l'armoire chercher un pain plus frais et un fromage mieux crêmé : « Non,
« non, s'écrie vivement le socialiste, point d'autres
« mets que ceux qui sont sur cette table. Je pren-
« drai la nourriture telle que la simplicité et la
« pauvreté l'ont faite pour vous : car je veux pou-
« voir dire et même écrire que j'ai partagé le repas
« du travailleur, que j'ai mangé avec lui le pain

« noir, et que je me suis assis à ses côtés, dans sa
« case froide, humide, obscure..... » — Puis,
étendant le bras vers Donatien : « Donnez-moi,
« ajouta-t-il, votre main, afin que je puisse me fé-
« liciter d'avoir pressé, serré la main calleuse du
« travailleur, cette main consacrée, sanctifiée par
« les labeurs que la société, devenue égoïste, ne
« sait plus apprécier aujourd'hui. »

Ces chaleureuses démonstrations étonnaient
beaucoup et embarrassaient un peu Donatien : toutefois, il y croyait voir un sentiment de sincère af-
fection qui lui inspira peu à peu de la confiance, et
bientôt il osa mêler son mot aux discours du monsieur. On parla du salaire et de son insuffisance,
des heures de travail et de leur rapport avec les
forces de l'homme, du repos du dimanche et de sa
moralité, du cabaret et de son influence, des besoins réels de la famille ouvrière, et combien il
est facile de les satisfaire, des besoins factices, et
combien ils sont exigeants. On s'entretint aussi des
causes les plus ordinaires de la misère des ouvriers :
le socialiste les trouvait dans la libre concurrence,
et le remède était, selon lui, dans l'association ;
Donatien s'en prenait, lui, aux dépenses excessives,
à la paresse, à l'inconduite, à l'ivrognerie trop
commune de nos jours, parmi les ouvriers ; il
observait encore que rarement le travail manquait
au bon ouvrier, et que, très-souvent, c'est l'ouvrier

qui manque au travail; il disait aussi quelles ressources les petites gens rencontrent dans les dépenses de toute nature que font les riches, et quels secours ils en reçoivent aux jours de la maladie ou de la détresse. Enfin, sur tous ces points d'économie domestique et sociale, l'intelligence et le bon sens pratique de Donatien révélèrent tant d'idées justes, saines, positives, encore inconnues au philosophe socialiste, que ce dernier, émerveillé, s'écria avec un accent de rare franchise :

— « Mon ami, j'en fais l'humble aveu ; voilà dix ans que j'écris sur ces questions des pages que les savants ont la bonté de trouver admirables ; et pourtant, vos simples observations, fruit d'une expérience éclairée par une raison droite, avancent plus leur solution réelle que mes retentissantes théories imaginées dans le cabinet. »

A ces mots, le socialiste se tut un moment, comme frappé d'une soudaine illumination, puis, élevant la voix, et d'un air solennel : « Savez-vous, Donatien, qu'avec ce grand sens qui brille dans vos appréciations, vous pouvez être appelé, à l'aide des conditions électorales nouvellement établies, à rendre à la patrie des services aussi honorables qu'importants?

— « Moi, Monsieur, rendre des services importants! Après tout, je ne puis faire que ce que je sais faire, des fossés, des fagots, un peu de jardinage, soigner une vigne, au besoin, faucher dans la saison et rouler ma brouette.

— « Pauvre Donatien, que vous êtes arriéré! Ignorez-vous donc que nous venons de faire, par les bras des travailleurs, au profit des travailleurs, une révolution qui change entièrement la position des travailleurs?... Et déjà, les hommes en blouse ne s'asseyent-ils pas sur les banquettes de la chambre des pairs, à la place des généraux, des savants, des jurisconsultes, discutant, avec autant de profondeur que d'éloquence, les difficiles problèmes de l'organisation du travail, sous la présidence de notre sublime Louis Blanc! Oui, aujourd'hui, les travailleurs sont maîtres de leur destinée, et j'ose dire des destinées de la France, et ils en sont dignes!

— « Tant mieux, Monsieur, si vous croyez que c'est bien leur place et leur besogne; quant à moi, je tiens à mes fossés, à mes fagots, à ma chaumière, et je reste piocheur. »

A ces mots, le zélé socialiste comprit qu'une première entrevue était insuffisante pour initier à ses doctrines et plier à ses vues un homme si fermement enraciné dans le vulgaire bon sens; il se leva donc, remercia Donatien de sa cordiale hospitalité, s'excusa de l'avoir retenu longtemps éloigné de ses utiles travaux, et, lui serrant de nouveau la main : « Je suis si charmé d'avoir fait votre

connaissance que, de temps en temps, je m'arra-
cherai à mes nombreuses affaires, pour jouir de
la conversation d'un loyal travailleur dont notre
factice et superficielle éducation n'a point faussé
le jugement : et, au premier jour, j'irai vous visi-
ter sur le terrain même où |vous creusez vos
fossés. »

II.

> Je crois que le suffrage universel
> est, pour tout homme logique, la con-
> séquence forcée de la souveraineté du
> peuple : mais si les ministres et leurs
> agents devaient intervenir, mettez-
> moi le suffrage universel dans la main,
> je jure que je ne l'ouvrirai pas !
>
> (TIMON.)

A peine sorti de la chaumière, le socialiste se
prit à réfléchir sur ce qu'il venait de voir et d'entendre : « Evidemment, disait-il en lui-même, le
« vrai peuple français, celui qui se compose d'hon-
« nêtes et de bons travailleurs, comme Donatien,
« ne demande ni changements politiques, ni bou-
« leversements sociaux, et quand il nous entend
« proclamer que nous avons fait la révolution de
« février uniquement dans son intérêt et en vue
« de l'amélioration des classes laborieuses, je crains
« bien qu'il ne prenne nos paroles pour des men-
« songes.... Dieu veuille que, bientôt, il ne nous ac-
« cuse pas de n'avoir travaillé qu'à notre profit, et
« que pour arriver aux places, à l'argent, aux jouis-

2

« sances de la grandeur et du commandement.....
« Après tout, et en réalité, qu'avons-nous gagné,
« nous, auteurs et consommateurs de la révolu-
« tion?..... Ce Donatien, content de sa chaumière,
« de sa femme, de ses enfants, de son travail,
« n'est-il pas plus heureux que moi, l'élu du
« gouvernement provisoire, le délégué des mi-
« nistres, et bientôt, peut-être, le préfet de ce
« département?.... Car, à tous ces titres, me voilà
« désormais condamné aux intrigues, aux agita-
« tions, aux luttes, aux angoisses de la vie publi-
« que, au milieu des partis acharnés?..... Ce
« Donatien, retournant en ce moment à sa terrasse,
« le pic sur l'épaule et le calme dans le cœur,
« n'est-il pas cent fois plus heureux que Ledru,
« maître de Paris et de la France, trônant à l'Hôtel-
« de-Ville, et, de cette hauteur, lançant sur le
« pays la lave révolutionnaire qui bouillonne dans
« son âme?.... »

Le socialiste était encore tout agité de ses graves
et amères pensées, lorsque, rentrant à son hôtel,
il aperçoit, sur son bureau, une lettre portant le
cachet du ministère de l'intérieur :

« Paris, 19 mars 1848.

« LIBERTÉ ! ÉGALITÉ ! FRATERNITÉ !

(*Confidentielle.*)

« Citoyen délégué,

« A dater de ce jour, tous les employés du gouvernement, à quelque administration qu'ils appartiennent, et quelles que soient leurs fonctions , se doivent uniquement à la grande opération des élections générales. Ainsi, laissez de côté agriculture et commerce , et soyez tout entier à la culture du champ électoral : cette culture demande de l'activité, des sueurs, et surtout de l'*industrie*.

« Par votre lettre du 14, vous semblez découragé de ce que l'ex-duc de Montmorency se présente aux suffrages des électeurs dans votre arrondissement. Ce candidat, dites-vous assez naïvement, est appuyé et par le souvenir de ses héroïques ancêtres, tous bienfaiteurs de cette contrée, et par ses éminentes qualités personnelles, et par les services militaires qu'il a rendus dans notre conquête d'Afrique, et par la popularité d'un nom que la charité de sa femme et de ses filles fait aimer de tous ceux qui souffrent, et, enfin, par de nombreux amis que le prestige de la noblesse, de la fortune et des bonnes manières lui ont acquis dans tous les rangs ; et vous ajoutez que, parmi les républicains de la veille, et même parmi ceux du lendemain, qui surgissent de toutes parts, vous cherchez en vain un concurrent sérieux à lui opposer, et que la partie n'est point égale.

« Vraiment, citoyen de la république de février, vous nous parlez du prestige de la noblesse et des bonnes manières, comme si nous étions en plein siècle de Louis XIV! Je conçois qu'alors vous eussiez désespéré de faire prévaloir sur un Montmorency un journaliste quelconque, ou un avocat sans causes; mais ne sommes-nous pas en révolution? Or, en révolution, c'est l'incroyable, l'inouï, le sens dessus dessous qui passionne les masses et triomphe de tout. Croyez cela, et mettez-vous à l'œuvre.

« N'opposez donc au grand seigneur de vieille roche ni un financier, ni un journaliste; je vous le répète, c'est du bizarre qu'il nous faut. Allez droit à la petite boutique d'un menuisier, à l'échoppe d'un cordonnier, à la loge d'un bûcheron. Là, si vous rencontrez un ouvrier complétement étranger à la science politique, ignorant même ce que signifient les trois mots: constitution, législation, république; c'est là votre homme! voilà le candidat heureux que le suffrage du peuple enverra façonner la constitution et la législation de la République, et le duc et pair, repoussé, bafoué, s'en ira, lui, à la campagne, faire ses foins.

« Et pour ne vous laisser aucun doute sur un résultat qui vous paraît impossible, il suffit de peser de sang-froid les ressources et les moyens des deux candidats rivaux.

« J'accorde à votre ex-duc de Montmorency les suffrages de sa commune et de six à sept communes environnantes, où son nom est connu: par générosité, j'admets que dix, que vingt communes votent pour lui ; certes, c'est aller au delà du possible ; et encore, dans les suffrages de ces vingt communes, il faut ôter au duc ceux que lui refuseront certainement la jalousie inspirée aux uns, la peur inoculée aux autres, les promesses étalées aux yeux de ceux-ci, les menaces suspendues sur la tête de ceux-là ; car, en élection, on exploite tous les bas-fonds du cœur humain.

« Voilà toute la part du grand seigneur ; voyons, maintenant, celle de notre candidat menuisier, cordonnier ou bûcheron.

« D'abord, aux vingt communes du noble j'oppose le département tout entier, où nous, gouvernement, avons des moissonneurs alertes, la faulx au poing, qui attendent le mot d'ordre, c'est-à-dire, le nom de notre candidat, pour lui moissonner des suffrages de toutes mains et sur tous les points.

« Au chef-lieu de département, nous avons le citoyen commissaire du gouvernement, muni de pouvoirs illimités, agissant dans toute l'étendue, par lettres, arrêtés, proclamations, visites, révocations et destitutions : moyens divers et puissants qui convergent tous à un but unique, l'élection de notre candidat menuisier, cordonnier ou bûcheron.

« Nous avons encore, au chef-lieu de département, notre journal, qui, tous les matins, crie, chante, pleure, gronde, égratigne et flatte au profit de notre candidat menuisier, cordonnier ou bûcheron.

« Dans les trois arrondissements, nous avons trois sous-commissaires, qui, d'abord, comme des télégraphes fidèles, répéteront tous les signes du commissaire départemental, et ensuite feront, de leur propre mouvement, des signaux particuliers aux électeurs de leur juridiction, en faveur de notre candidat menuisier, cordonnier ou bûcheron.

« Dans les cantons, nous avons les citoyens juges de paix, et pour les activer à notre besogne électorale, nous leur poserons sur la gorge la lame du couteau-poignard de la destitution, et il faudra bien qu'ils travaillent pour notre candidat menuisier, cordonnier ou bûcheron.

« Dans les communes, nous avons les maires et leurs adjoints, accoutumés, dès leur plus tendre enfance, à l'obéissance passive, aux désirs des commissaires et préfets du gouvernement, désirs qu'ils prennent ordinairement pour des articles du Code civil.

« Dans les hameaux, nous avons les conseillers municipaux et les docteurs de village, qui ne manqueront pas de se donner, en parlant élection à la veillée, une importance bien naturelle.

« Enfin, nous enverrons le garde-champêtre aux électeurs travaillant isolément au milieu des champs et des vignes.

« Ajoutez que, dans chaque cabaret, nous tiendrons en permanence des gaillards qui chanteront, boiront et feront boire à la gloire de notre candidat; et que chaque estaminet et café sera pourvu de deux clercs au moins, pour fumer le cigarre et sucer le petit verre au triomphe électoral de notre menuisier, cordonnier ou bûcheron.

« De cette manière, vous le voyez, pas un lieu n'échappe à nos investigations, pas un électeur à nos filets.

« Et encore, ce n'est pas tout.

« Le ministre de l'instruction publique vient d'écrire, et les recteurs vont écrire, et les inspecteurs écriront à leur tour aux maîtres d'école que la République veut les grandir, les enrichir, leur ouvrir toutes les portes qui mènent à l'illustration, et que, dès à présent, elle les engage à se faire élire représentants à l'Assemblée nationale, où elle les verra avec bonheur (1); mais qu'en attendant, ils aient à réunir auprès d'eux les électeurs de campagne, pour leur apprendre à épeler distinctement, à lire couramment, à écrire correcte-

____

(1) Voyez la circulaire du citoyen Garnot, ministre de l'instruction publique, aux instituteurs, sur les élections.

ment le nom de notre candidat menuisier, cordonnier ou bûcheron.

« A ce procédé déjà très-ingénieux, nous en joignons un autre.

« Nous établissons un comité central au chef-lieu du département. Là, nous faisons venir, de tous les cantons, des délégués chercher les noms des *bons candidats*. Or, il arrive que ces délégués des cantons sont précisément les citoyens qui, par leur position indépendante, auraient pu échapper à nos premiers coups de filets, comme l'avoué, le notaire, l'huissier, le médecin, le chirurgien, l'épicier retiré. (On sait que, dans les communes rurales et les petites villes, les rôles d'honneur et les missions de confiance sont le partage recherché de ces citoyens influents.) Élus délégués, ces hommes accourent au comité central ; là, le commissaire leur donne une poignée de main et un déjeuner, et ils s'en retournent semant partout la capacité de Monsieur le commissaire, et le nom de notre candidat menuisier, cordonnier ou bûcheron.

« Mais voici la plus étonnante invention du génie révolutionnaire appliquée aux élections.

« Dès ce soir, partent de Paris quatre délégués secrets du club de la Montagne. (Ceci est entendu avec le ministre et se fait pour toute la France.) Chacun de ces émissaires court se blottir au sein d'un de nos quatre arrondissements. Là, il fait appel à la classe ouvrière, il la groupe autour de lui, en forme un corps compacte dont il est l'esprit, la volonté, la parole, l'action, il ouvre ce qu'il appelle le club des travailleurs; par des meneurs actifs, il donne le mot d'ordre à tous les ouvriers disséminés dans l'arrondissement, et, un de ces matins, le pays étonné trouvera les travailleurs enrégimentés, disciplinés, rangés en bataille devant le scrutin; et prêts à faire le feu de peloton électoral en faveur de notre candidat menuisier, cordonnier ou bûcheron.

« Maintenant, citoyen délégué, je crois que vous devez être pleinement rassuré sur le succès du candidat travailleur et l'inévitable défaite de son ducal adversaire. A l'œuvre donc ! et comptez sur les inépuisables ressources des républicains de la veille.

« Salut et fraternité ! »

Le socialiste lut et relut à trois fois cette longue instruction confidentielle, et, à chaque lecture, il sentait revivre, dans son âme découragée, une ardeur toute nouvelle. Il admirait le nombre et la puissance des procédés électoraux qu'il ne soupçonnait pas; et quoique humilié de recevoir une leçon d'habileté, il était fier de servir un jeune gouvernement républicain qui, en fait de manœuvres électorales, laissait loin derrière lui le gouvernement du vieux Philippe, si expert dans la matière. Il est vrai, pourtant, qu'une chose répugnait un peu à la franchise de son caractère : c'était de voir, inscrit en gros caractères : *Liberté, égalité, fraternité!* en tête d'un traité qui détruit complétement la liberté des suffrages, met une classe de citoyens en suspicion, livre le pouvoir à l'autre, et jette entre les frères le brandon de la discorde civile. Mais, ajoutait-il, le ministre l'a bien dit : En révolution, c'est le bizarre, le sens dessus dessous qu'il faut montrer aux masses, pour les entraîner. Quant à moi, grâce à l'industrie gouvernementale, voilà ma besogne bien simplifiée ; et demain, avant midi, j'aurai trouvé leur candidat menuisier, cordonnier ou bûcheron.

III.

Le lendemain, un élégant cabriolet traversant les vignes, les champs, les bruyères vint s'arrêter sous un chêne aux rameaux étendus, à peu de distance du lieu solitaire où travaillait Donatien ; c'était l'heure à laquelle les ouvriers déjeunent. Assis sur le talus gazonné d'un fossé, Donatien avait tiré d'un sac de toile grise un énorme chanteau de pain bis et le premier quartier d'un fromage large comme une pleine lune. (Le fromage est un mets patriarchal que l'art culinaire et le progrès social n'ont point encore fait disparaître, et, dès aujour-

d'hui , on peut prévoir que cet antique aliment du genre humain aura la glorieuse destinée d'être à jamais , malgré les transformations successives et humanitaires , le fond du repas des pauvres et l'accessoire obligé de la table des riches.) Notre piocheur déjeunait donc ; en déjeunant, ses regards se fixaient sur un alisier voisin , et ses mâchoires, malgré un vif appétit, demeuraient par moment inactives. Il écoutait , il regardait de gentils oiseaux sautillant sur les branches et chantant leurs chansons , et, alors, il rêvait à son passé : « Quand
« j'étais au régiment, l'officier que je servais se
« vantait d'avoir entendu de bonne musique, le
« jour qu'il dînait à la table du colonel... ; il paraît
« que le bon Dieu veut que le simple soldat devenu
« terrassier ait aussi de la musique à ses repas. Je
« crois bien que le colonel donnait le pour-boire à
« ses musiciens... Tenez !... voilà le pour-boire des
« chanteurs de Donatien ! »Et, alors, froissant entre ses doigts un morceau de son pain, il en jetait au loin les miettes, pensant que ses musiciens viendraient ramasser leur pièce quand il ne serait plus là.

Cependant le socialiste, descendu de sa voiture, s'avançait, à travers champs, droit à Donatien. Arrivé à une petite distance, il est frappé de son attitude contemplative et rêveuse, et lui dit en l'abordant : — « Vous semblez, Donatien, absorbé dans de profondes réflexions ; vous pensez sans doute à ma visite d'hier, et à la dernière ouverture que je vous fis avant de nous séparer ?

— « Ma foi non, Monsieur ; j'étais tout simplement occupé à écouter des oiseaux qui chantent là-haut bien joyeusement. Ne dirait-on pas, Monsieur, que toute la franche gaîté soit retirée chez les animaux du bon Dieu, depuis que les hommes se déchirent entre eux ?

— « Oui, Donatien, le spectacle de la nature est toujours plein de charmes pour les âmes candides, il donne des plaisirs sans remords, et des leçons de vertu qui feraient le bonheur des mortels, s'ils y étaient attentifs. Mais, dites-moi, vous déjeunez de bonne heure ; je croyais vous trouver à jeun ?

— « A jeun à neuf heures ? Chez nous, dès quatre heures du matin on casse une croûte (et nous appelons une croûte un morceau de pain de la taille de celui que vous me voyez dans les mains), on boit par là-dessus un ou deux verres de cidre, on appuie le tout d'une petite goutte, et à l'aide de cette friction on a les bras et les reins solides pour toute la matinée.

— « La recette est bonne, on le voit à votre air de santé et de vigueur ; mais malgré votre croûte matinale, je m'aperçois que j'arrive à temps encore: mon cabriolet est à deux pas, et dans cinq minutes le domestique va nous apporter un déjeuner de campagne que nous prendrons ensemble. N'est-il pas juste que j'aie le plaisir de traiter aujourd'hui Donatien qui m'a si bien traité hier? Du reste, j'ai besoin de causer à fond avec vous ; car il est important que les diverses classes de la société se rapprochent et s'entendent ; c'est par cette mutuelle communication de leurs pensées et de leurs besoins que s'établira le beau règne de la fraternité, terme suprême de nos efforts.... »

En ce moment, Donatien jetait un regard furtif sur l'alisier voisin, et remarquait avec tristesse que ses oiseaux chanteurs s'étaient envolés....

.... « Voyons, Donatien, que pensez-vous, que dites-vous de notre révolution ?

— « Moi, je n'en dis pas grand'chose, mais c'est ma pauvre femme qu'il faut entendre, quand elle revient du marché, désolée de ne faire profit de rien, ni de son beurre, ni de ses œufs, ni de ses poulets, ni de ses radis, ni de ses petits pois, qu'elle ne peut vendre !

— « Ce sont là, mon ami, des inconvénients minimes et momentanés, inévitables dans une transformation aussi radicale ; d'ailleurs, je ne demande pas le sentiment d'une femme, c'est le vôtre que je veux connaître, celui d'un homme de bon sens.

— « Moi, je ne sais pas ce qui se passe au loin ; mais je sais seulement que, dans notre commune, la révolution a tout d'abord regaillardi les gens les moins francs du collier. S'il y a un fainéant, un libertin, un ruiné par inconduite, un vaurien, voilà les plus joyeux de février ; jour et nuit ils boivent au cabaret et chantent dans les rues ce refrain de leur fraternité : « *Qu'un sang impur abreuve nos sillons !* » Là-dessus, je raisonne et je dis : Moi qui ai vu Paris, Lyon, Marseille, en partant pour l'Algérie ; si dans ces grandes villes ça se passe comme dans notre commune, les soldats des garnisons auront beaucoup de mal à maintenir l'ordre, et je les plains.

— « On voit, Donatien, que vous êtes un troupier de 1830, et que vous craignez les émeutes, où peut-être vous avez reçu quelque égratignure ; mais, rassurez-vous : aujourd'hui le peuple est éclairé : la philosophie, en se chargeant de son éducation, l'a élevé à un degré éminent de moralité.

— « Pourtant, ça ne veut pas dire qu'il n'y ait plus de mauvais sujets en France, depuis la République, ni qu'un coquin soit, sous la République, autant qu'un honnête homme, ni qu'un ouvrier incapable et paresseux vaille autant qu'un travailleur fini.

— « A votre langage, je vois que l'isolement où vous vivez vous a rendu complétement étranger à l'ordre d'idées qui prévaut en ce moment ; je veux dire que vous ignorez ce qu'il y a de progressif et d'humanitaire dans notre révolution, qui n'est que la proclamation des droits du peuple et la réhabilitation des classes déshéritées.

— « J'avoue que je comprends peu les mots que vous dites ; mais je comprends bien ce que je vois. Ainsi, nous avions pour maire M. le duc, qui fait du bien à tout le monde ; la République l'a cassé, et a mis à sa place le garçon d'écurie de l'auberge du Bonnet-Rouge.

— « Halte-là ! Donatien, je vous prends en flagrant délit de préjugés nobiliaires ; est-ce qu'un garçon d'écurie n'est pas un homme ? est-ce qu'un duc est plus qu'un homme ? Pourquoi donc préférer l'un à l'autre ?

— « C'est tout juste ce que je me disais en moi-même ; pourquoi la République préfère-t-elle un garçon d'écurie à M. le duc, pour faire un maire, et renverse-t-elle l'un pour élever l'autre ? et comme je n'en voyais pas la raison, cela m'obstinait..... Rencontrant M. le curé, qui revenait de voir le pauvre Jean-Louis, gravement malade, je lui dis (car on est libre avec lui comme avec un père, il nous a tous élevés) : Monsieur le curé, ça n'ira pas. Lui me répond : — Ne crains pas, mes soins et mes bouillons l'auront avant peu rétabli. Moi, là-dessus, je lui réplique : Je ne parle pas de Jean-Louis, je sais, Monsieur, qu'il est en bonnes mains, mais je parle de notre commune, qui est très-malade aussi, de notre pays, où tout est, à présent, sens dessus dessous, la tête en bas et les pieds en haut, et je dis que ça n'ira pas.

— « Ah! je suis curieux d'entendre la réponse du curé, et vous me ferez plaisir de ne rien omettre de votre conversation ; il est intéressant pour moi de connaître l'opinion de cette classe d'hommes sur notre révolution ; surtout, soyez exact dans votre récit.

— « Dieu merci, j'ai bonne mémoire, et au besoin j'y retrouve, comme dans un portefeuille, ce que je lui commande de garder. Voici donc ce que M. le curé répondit à mon *ça n'ira pas* : « Donatien,
« quand éclate une violente tempête, tu vois ta
« belle fontaine se troubler, la bourbe qui dormait
« au fond s'agite et monte à sa surface, et l'eau, alors,
« devient hideuse à voir et dégoûtante à boire ;
« mais tu ne t'en inquiètes pas, parce que tu sais
« que, le calme revenu, la bourbe baisse, et qu'en
« descendant elle entraîne avec elle les plus légè-
« res immondices, de sorte que les eaux de ta
« fontaine n'en sont que plus pures et plus limpi-
« des. » Cela dit, M. le curé se tut comme pour me laisser réfléchir, et moi, réfléchissant un peu, je compris que M. le curé voulait dire que les eaux de la République, troublées et bourbeuses pour le moment, se purifieraient peu à peu, et que, plus tard, leur fraîcheur et leur pureté désaltéreraient

aussi agréablement lés Français que ma fontaine me désaltère le soir, après les travaux et les sueurs de la journée.

— « C'est cela, mon ami, vous avez saisi la pensée de votre curé, et ce curé-là est un brave homme : suivez donc ses conseils pleins de sagesse et de réserve, et soyez calme, en attendant que nous arrivions à la pleine jouissance de la félicité sociale.

— « C'est bon, Monsieur, mais en attendant que la bourbe montée en haut dans la tempête de février descende en bas, et que les eaux de la République soient bonnes à boire, le pauvre peuple sèche de soif et tire la langue ; et voilà de plus les quarante-cinq centimes qui nous altèrent encore, sans compter une nuée de petits impôts qui sortent de la révolution, comme les hannetons de la terre, au mois d'avril, et dévorent feuilles, fleurs et fruits, laissant l'arbre à sec.

— « Donatien, votre préoccupation des intérêts matériels rend vos paroles acerbes et injustes : vous sentez vivement de modiques sacrifices pécuniaires que le gouvernement républicain allégera bientôt, et vous êtes insensible aux avantages sociaux que notre révolution apporte aux classes délaissées. Quand je pense que Donatien le terrassier, le bûcheron, le pauvre hère de la cabane du coin du bois est aujourd'hui autant que le duc et pair Mgr de

Montmorency, que Donatien est électeur comme lui, éligible comme lui, pourtant avec cette différence que le bûcheron Donatien a vingt fois plus de chance d'être élu représentant que peut en avoir Montmorency, avec ses titres et ses services passés ! La vraisemblance ne permettrait pas d'écrire cela dans un conte de fées, et cependant cela est écrit dans le décret du gouvernement provisoire, et spécialement dans les lettres du ministre, que je pourrais vous montrer, et dans quinze jours le nom du prolétaire Donatien sortira triomphant de l'urne électorale, pour être proclamé représentant de la France.

— « Vous vous moquez de Donatien, qui croit trop au bon sens des Français pour admettre....

— « Dites plutôt que Donatien ne croit pas assez à la puissance du suffrage universel, la plus belle conquête de notre époque : sachez donc, mon ami, que le droit d'élire et d'être élu accordé à tous est le triomphe du peuple sur la bourgeoisie électorale de Louis-Philippe, et sur les écus seuls éligibles pendant son règne. La révolution en décrétant le suffrage universel, a jeté sur les épaules du travailleur une robe virile, un vêtement d'honneur, afin que désormais il apparaisse avec dignité dans les assemblées de la nation ; et c'est cette glorification du prolétaire que vous, prolétaire, vous ne comprenez pas !....

— « Je la comprends tout de même un peu : la France étant notre mère à tous, elle nous doit à tous part d'enfants, et puisque, riches et pauvres, nous avons tous pour elle quelque chose dans le cœur, et pour elle aussi quelque chose dans les veines, en cas de besoin, il est juste qu'elle reconnaisse des droits égaux à ceux qui l'aiment également ; et même, comme dit M. le curé, il sera beau le jour où, à l'appel de la France, on verra tous les Français sortir les uns de leurs palais, les autres de leurs châteaux, ceux-ci de leurs casernes, ceux-là de leurs ateliers, puis d'autres de leurs magasins, d'autres de leurs fermes, d'autres de leurs maisonnettes, d'autres de leurs chaumières et s'avancer tous vers l'urne électorale, portant chacun à la main un bulletin d'une égale valeur ; ce jour-là sera un vrai jour de fraternité, parce que la France aura dit le matin, sans distinction, à tout homme de vingt et un ans : «Tu es mon fils, viens « t'asseoir en ce jour au banquet de ta mère. » Et si, dans le nombre des convives, il s'en trouve un honteux de sa blouse percée, de ses sabots fendus, de son bonnet de laine déchiré, n'osant prendre place en si bonne compagnie, et qu'il dise tout bas : « Mère, et moi, où vais-je m'asseoir ? » La patrie lui répondra tout haut : « Mon enfant, viens ici, à côté de Bugeaud le vainqueur des Arabes, ou mets-toi là, près du neveu de l'empereur, ou prends place entre Cormenin et Cavaignac, ou bien reste où tu es vis-à-vis de Lamartine, car tous ils sont tes frères, aujourd'hui ! »

— « Bon Donatien ! vous vous attendrissez en répétant les belles paroles de votre pasteur ; les larmes qui coulent de vos yeux attestent que votre noble cœur comprend la fraternité et l'égalité, mots sacrés, devenus trop souvent une stérile formule sur les lèvres de tant de républicains. »

Donatien, essuyant son visage : — « Nous autres troupiers, voilà comme nous sommes : rangés en bataille en face de Cosaques ou de Bédouins, nous avons le cœur sec, dur et brutal comme un biscaïen ; hors de là notre cœur est une boule de neige qui se fond en eau, au moindre rayon d'une pensée qui va à l'âme.

— « Aussi, Donatien, plus je découvre les sentiments de fraternité et d'égalité qui vous animent, plus je tiens à ce que les vues du gouvernement soient réalisées : à mes yeux vous êtes le représentant-né des classes inférieures, vous en connaissez les droits, vous en avez expérimenté les besoins, vous devez en être le défenseur à l'Assemblée nationale, et, j'en jure par le club de la Montagne, la candidature de Montmorency est désormais une anomalie impossible ; Donatien triomphera.

— « Mon Dieu, Monsieur, vous en revenez toujours là, comme si la France n'avait à attendre son salut que de pauvres ouvriers comme Donatien! Permettez-moi de vous dire, là-dessus, mon dernier mot ; le voici : A chacun sa besogne, pour que l'ouvrage soit bien fait. Sans doute M. le duc et moi nous sommes égaux devant la loi et frères devant le bon Dieu, mais cela n'empêche pas qu'il y ait entre nous des différences, et que je ne vaille mieux que lui pour certaines choses, et que lui ne vaille mieux que moi pour d'autres choses.

— « Comment l'entendez-vous?

— « Par exemple, si le gouvernement avait une entreprise de terrassement à donner, par le choix des électeurs, à moi ou à M. le duc, je dis que les électeurs qui, sous prétexte de la célérité et de la perfection du travail, voteraient pour que M. le duc fût personnellement chargé de creuser les fossés, préférablement à moi terrassier, je dis que ces électeurs seraient de fameux imbéciles, parce que, sans me vanter, j'aurais plus tôt fait dix mètres de fossés que M. le duc n'en aurait fait un mètre, et que mes dix mètres seraient autrement soignés que ne le serait son mètre.

— « Oui, Donatien, mais que suit-il de là?

— « De là, Monsieur, il suit qu'en fait de fossés je vaux mieux que M. le duc ; mais j'avoue que M. le duc aura plus tôt fait une aune de constitution que je n'en aurais fait un pouce, parce que, moi, je ne connais pas comment s'aligne cette étoffe-là, et que lui, qui a toujours été dans la grande fabrique du gouvernement, doit savoir le fin du métier; je le répète donc . à chacun sa besogne, pour que l'ouvrage soit bien fait; et j'en jure par ma pioche, je n'entreprendrais jamais une constitution à faire.

— « Puisque vous tenez à savoir un métier avant de l'exercer, et cela semble raisonnable, je vous laisse nos plus grands maîtres dans l'art de fonder et régir une république démocratique et sociale. Voici *le Populaire, le Peuple constituant, la Démocratie pacifique et sociale* et *la Réforme....* Que ne sont-ils plus répandus!... Mais, hélas! le peuple ne lit pas. N'est-il pas temps, enfin, que son intelligence s'illumine aux clartés du siècle! Quant à vous, la lecture, en délassant vos membres fatigués, développera le germe de vos riches facultés natives. Au reste, ces feuilles ne vous manqueront pas; en prenant soin de vous les adresser ici chaque jour, je croirai continuer avec vous un entretien qui m'a si vivement intéressé aujourd'hui, et la satisfaction de vous mettre en rapport avec nos plus profonds écrivains politiques adoucira le regret que j'éprouve de me séparer de vous en ce moment et pour quelque temps. Adieu, Donation, au revoir. »

IV.

« Un temps viendra où le laboureur traçant le sillon, le berger gar-
dant le troupeau, le charretier con-
duisant la voiture, la ménagère en-
fournant son pain, pourront lire leur
journal. Les campagnes participant
alors aux lumières qui descendent déjà
dans les ateliers des villes, la France
touchera aux limites de la civilisation
la plus avancée. »   (*Progressif.*)

« En ce temps-là, les champs seront mal labourés, les moutons mal
gardés, les chevaux mal menés et le
pain mal enfourné, s'il y en a encore. »   (*Rétrograde.*)

Donatien regardant alors ses outils endormis
sur l'herbe : « Ce repas, dit-il, et cet entretien de
deux heures n'ont pas allongé mon fossé..... Le
traitement de ce monsieur du gouvernement court
pendant qu'il cause; mais quand ma langue va,
ma besogne s'arrête, et ma journée diminue.
Allons, Donatien, à l'œuvre! tu as femme et enfants qui n'ont pas si bien déjeuné que toi, ce ma-

tin. Au moins que leur souper n'y perde rien... »
Et, à la pensée de sa chère famille, le vigoureux
terrassier saisit sa bêche et brûle la besogne : ses
bras remuent presque convulsivement la terre et
on aperçoit, à l'impétuosité de ses mouvements,
que son esprit n'est pas moins agité que son
corps.

« Ma foi, je n'y comprends rien, et je croirais
rêver, si je ne ressentais encore un arrière-goût
de jambon dans le gosier... Ah ça ! pour quel sujet
ces messieurs du gouvernement viennent-ils jeter
des charbons tout rouges dans la tête des ouvriers?...
Faire des députés avec des terrassiers ! voilà vraiment une belle mode, et qui durera longtemps!...
D'ailleurs, dimanche dernier, quand je vis collée,
à la porte de l'église et aux contrevents de la mai-
rie, une longue rangée d'affiches qui promettaient
au peuple plus de beurre que de pain, je me suis
rappelé de ce que m'a souvent dit mon père : « Gar-
« çon, retiens bien cela : quand tu verras afficher
« tous les matins de nouvelles proclamations, c'est
« que le pays est à l'orage, et que ceux qui gou-
« vernent veulent nous enlever ou notre bon sens
« ou notre argent.... Au fond, moi, je n'ai rien à
« craindre.... Le percepteur sera bien habile, s'il
« trouve dans mon coffre ce que je n'y trouve pas
« moi-même...; et puis les révolutions, comme
« dit le proverbe, *veulent le bien des châteaux et*

« *du bien aux chaumières*.... Toutefois, ce n'est
« pas ce que j'approuve... »

En ce moment un fort coup de vent emporte à
travers la plaine les journaux posés à terre, près
de la veste du piocheur, et destinés à son éducation politique. Donatien les suit du regard,
hésitant s'il les abandonnera aux vents, ou s'il in-
terrompra son travail pour les recueillir. Enfin, il
se décide à courir après, et, en les ramassant, il
maudissait toutes ces inventions qui font perdre le
temps et la tête aux travailleurs.

Le soir venu, le piocheur, se redressant, mesure
avec complaisance la belle longueur des fossés
qu'il avait alignés ; il relève ses outils, les cache
dans une touffe de genévrier, leur dit adieu jusqu'au lendemain, et retourne tranquillement vers
sa chaumière. Chemin faisant, « ne me parlez pas,
disait-il à part soi, en développant un numéro de
la *Réforme,* ne me parlez pas des ouvriers grands
lecteurs, la plupart sont des fainéants. Est-ce que
je n'ai pas vu, au régiment, que les oiseaux de
la salle de police étaient ordinairement des bu-
veurs ou des lecteurs qui avaient oublié, avec le
petit-verre ou la gazette, d'épousseter leur fourniment?... Tiens, voilà une chose qui a l'air de me
concerner, et ce monsieur a eu l'intention de la
marquer d'une croix, sans doute pour attirer mes
regards... Eh bien ! voyons.... »

Alors Donatien se met à lire lentement et péniblement un long article commençant par ces mots :
« Dans le nombre des 34 représentants du dépar-
« tement de la Seine, on comptera au moins 25
« ouvriers : cette détermination prise par les clubs
« de la capitale est un hommage rendu au bon
« sens des travailleurs, et on doit espérer que les
« provinces, comprenant comme Paris le mouve-
« ment démocratique qui emporte la France dans
« des voies nouvelles, n'enverront à l'Assemblée
« nationale que des ouvriers probes et purs, etc. »

Marcher et lire tout à la fois, c'était une difficulté que Donatien ne soupçonnait pas encore, la marche gênait la lecture et la lecture entravait la marche ; il arriva donc à sa demeure plus tard qu'à l'ordinaire.

La petite Sophie et Paul son petit frère avaient coutume, au déclin du jour, se tenant par la main, d'aller au-devant de leur père, cette rencontre se faisait à peu près à trois cents pas de la chaumière, à l'entrée du bois : elle était aussi délicieuse pour le père que pour les enfants. Dès que Donatien apercevait de loin Paul et Sophie accourir à lui, il sentait passer dans ses veines un baume réparateur qui lui enlevait subitement la moitié des fatigues de la journée, et quand il les avait embrassés tous les deux, il aurait pu, pour eux, recommencer tous ses labeurs, tant il était bon père! Les deux enfants n'étaient pas moins heureux. Il fallait voir Paul assis sur le bras gauche du soldat-terrassier, presque aussi grand que son père, et plus fier que l'empereur sur son cheval de bataille, et Sophie, rieuse et sautillante, serrer de ses deux mains le doigt noueux de Donatien, et s'y suspendre avec confiance pour regarder en haut et solliciter un sourire de son frère. Puis on échangeait mille et mille paroles, on avait tant de choses à se dire, on ne s'était pas vu depuis si longtemps!

Mais ce jour-là, la lecture du journal avait ralenti les pas de Donatien et retardé son retour au rendez-vous chéri. Les petits enfants, partis à l'heure qu'ils n'oubliaient jamais, s'étaient avancés jusqu'aux premiers taillis de la forêt; mais point de père! Inquiets, ils l'attendent en prêtant l'oreille..... Tout à coup, le frémissement des feuilles sèches agitées par un lézard en fuite les glace d'effroi et ne leur laisse de force que pour accourir épouvantés et pleurant auprès de leur mère.

Maudit journal! ce soir-là tu enlevas à trois cœurs innocents les joies les plus suaves et les plus pures, et tu répandis des tristesses dans la plus heureuse des familles.

Ainsi les prévisions de l'épouse de Donatien commençaient à se réaliser.

Dieu a placé un tact exquis, un prompt et infaillible pressentiment à l'entrée du cœur de la femme, comme une sentinelle avancée pour veiller au bonheur de la famille.

Marie avait reçu avec honnêteté et servi avec empressement le socialiste, lors de son apparition si inopinée dans la chaumière ; mais les grandes paroles du monsieur, ses vives protestations de dévouement envers les petites gens et les brûlantes poignées de main prodiguées à son mari avaient étonné et presque inquiété cette femme bonne et naïve.

Accoutumée à confier à son époux les plus secrètes pensées de son âme, elle lui fit part des craintes que lui avait inspirées cette surprenante visite.

— « Eh bien ! Donatien, que dis-tu de cet homme ?

— « C'est un monsieur qui parle bien, a l'air d'aimer les ouvriers, et qui n'est pas fier.

— « Oui, mais je ne sais pas.... Il dit de trop belles choses pour que ça soit vrai ; je ne m'y fierais pas.

— « Pourquoi, mon amie ?

— « Vois-tu, Donatien, je me rappelle que mon père étant très-malade, un monsieur à peu près comme celui-là entra chez nous : à l'entendre, il venait d'amitié pour le guérir, et ses remèdes étaient souverains : mon père prit ses remèdes ;

lui, prit notre argent; mais il laissa la maladie , et même mon pauvre père en mourut.

— « Est-ce que tu prendrais ce monsieur pour un charlatan?

— « Je ne dis pas cela; mais s'il revient te voir, n'oublie pas que la prudence est la mère de la sûreté. »

Après cette confidence de Marie et ces avertissements indirects, Donatien évitait avec soin tout ce qui pouvait entretenir ou augmenter les appréhensions de sa femme au sujet du socialiste. C'est pourquoi il ne lui avait rien dit de tout ce qui se passait depuis quelques jours : l'entrevue aux bords du fossé, le déjeuner champêtre, la candidature proposée, la lecture des journaux étaient ignorés de Marie; mais ce qu'elle n'ignorait pas, c'était l'étrange changement survenu dans les habitudes de son mari.

Le conteur villageois de l'aventure d'un terrassier devait-il s'attendre à rencontrer sous le chaume d'une cabane les funestes effets de la politique et du journalisme!

Politique et journalisme, Dieu vous permet quelquefois de troubler le repos des nations, de répandre la confusion et le vertige dans les conseils de ceux qui les dirigent; la providence vous les abandonne ; mais n'entrez pas dans la maison du laboureur, ne descendez jamais dans la boutique de l'artisan. Ah! respectez ces derniers asiles de la probité, du travail, de la bonne foi, de la douce intimité entre les époux.

L'humble chaumière possédait tous ces biens, et Donatien et Marie les y goûtaient depuis huit années, dans une inaltérable union. De graves maladies, la mort de deux enfants au berceau, la perte de leurs parents vénérés avaient parfois changé leurs jours de paix en jours de douleur; mais rien n'avait changé la sainte amitié des premiers temps de leur mariage. Ils traversaient ensemble les mauvais pas de la vie, en se donnant la main; ils se l'étaient promis devant l'autel. L'année même du pain cher n'avait coûté aucune larme ni à la mère ni aux enfants, elle ne coûta que des sueurs, et Donatien les versa sans se plaindre, car elles nourrissaient sa famille sans le pénible secours de l'aumône.

Maintenant, disons avec douleur combien la lecture des journaux prêtés par le socialiste avait, en peu de jours, troublé la sérénité de ce bon ménage.

Aux yeux de Marie, à ses yeux si clairvoyants d'épouse et de mère, Donatien n'était plus reconnaissable: il n'allait plus, pour soulager sa femme, chercher l'eau à la fontaine, ni le fourrage au grenier: le soir il ne partageait plus avec elle les soins à donner aux enfants, aux animaux domestiques: il y a tant d'ouvrage pour la femme, dans un ménage, au déclin du jour! Donatien semblait l'avoir oublié ; et, ce qui était plus pénible encore, plus de ces attentions, de ces complaisances qui ravivent l'amitié en rafraîchissant l'âme ; plus de causeries, après le souper, sur le banc de gazon : il ne savait plus que LA CONFIANCE EST LE MARIAGE DES AMES, ET QUE LES ÉPANCHEMENTS EN SONT LES FRUITS. Il rentrait fort tard, et en rentrant il paraissait préoccupé.

Il l'était, en effet, car, au lieu de dormir, à midi, le somme des travailleurs, Donatien avait lu, dans le journal, qu'on se battait à Vienne en Autriche, que Berlin était en pleine révolution, et que la Pologne allait probablement échapper *aux serres* de l'empereur de Russie ; puis, en revenant, il s'était assis près d'un buisson, pour achever la lecture du manifeste de Lamartine aux gouvernements étrangers ; et lorsque le soleil couché depuis longtemps n'envoyait plus sur le papier qu'une lumière mélangée d'ombre où l'œil incertain confondait les lettres et les mots, l'intrépide lecteur tournait la feuille au jour le plus favorable, et déchiffrait encore quelques lignes : mais, bientôt, il ne déchiffrait plus rien ; alors l'esprit travaillait : « Aurons-nous la guerre, ou ne l'aurons-nous pas ?..... Si nous avons la guerre..... bien sûr les Prussiens seront battus !.... Je ne crains qu'une chose, c'est que toutes les puissances ne s'entendent avec l'Angleterre pour passer le Rhin... mais si elles le passent, elles doivent bien s'atten-

dre à ce que ni femme ni enfants ne me retien-
dront, et qu'à l'instant je reprends le fusil pour
leur donner de mes nouvelles ! »

Voilà donc le terrassier Donatien, grâce aux
feuilles publiques qu'il comprend à peine, absorbé
tout entier dans la méditation des grands intérêts
des empires. Ne lui parlez plus de sa délicieuse
famille, car toute son attention est fixée sur les
oscillations de la politique générale du monde. Le
voilà, appuyé sur sa bêche immobile, discutant à
part soi les chances de paix et les cas de guerre
qui peuvent surgir tout à coup au milieu des nations. Des fossés à creuser ! belle besogne pour un
esprit qui suit avec anxiété, jour par jour, la
marche rapide des idées démocratiques, tourbillon-
nant sur le globe comme des vents déchaînés, bri-
sant les sceptres et renversant les trônes ! Et comment un homme si fort sur la lecture, et de cette
importance militaire, politique et sociale, pourrait-
il se montrer encore l'époux affectueux et préve-
nant d'une femme illettrée, qui sait ce qui se passe
dans sa niche à lapins et ignore *même* le mouvement insurrectionnel de la Hongrie ! Comment
cette haute intelligence, contemplant, aux clartés
du journalisme, le merveilleux spectacle des révolutions qui agitent les peuples, pourrait-il s'intéresser encore, en père tendre et complaisant,
aux gambades des marmots qui chantent et dan-
sent quand l'Europe est en feu !

V.

Deux cœurs si bien faits l'un pour l'autre ne pouvaient rester plus longtemps dans cette froide et pénible réserve. Une explication était devenue nécessaire entre Donatien et Marie ; elle eut lieu, et elle fut ce qu'elle devait être, franche, amicale, efficace. Aussi, quand, le samedi, Donatien reçut le billet du socialiste, qui l'invitait, pour le lendemain, à passer au club, et du club à son hôtel, il se sentit plus fort contre les incessantes propositions du délégué du gouvernement provisoire.

Déjà, depuis quelque temps, le socialiste avait

réuni sous sa présidence plusieurs assemblées villa-
geoises; mais, jusqu'alors, Donatien n'avait pas
fréquenté les clubs, parce que, le dimanche au
soir, il y avait assez de causeries sous le gros chêne
de l'église, chez ses amis ou sur le banc de sa porte,
pour occuper plus agréablement ses loisirs jusqu'au
souper de la chaumière. D'ailleurs, les souvenirs
de la famille, les anciens récits de son vieux père
avaient fait à Donatien un épouvantail de ces assemblées démocratiques : il n'y aurait donc jamais
assisté, mais il ne pouvait, ce jour-là, se refuser à
l'invitation pressante d'un monsieur si bienveillant
pour lui. Au reste, c'était une heureuse occasion
d'en finir à jamais avec sa candidature. Le matin,
donc, il se mit plus brave que de coutume. Moderne
Cincinnatus (1), il savait allier dans sa rustique
toilette les restes d'un ancien fourniment militaire
à la veste bleue du travailleur. Dans cette tenue
solennelle, il se rendit, joyeux, bien qu'un peu pensif, à la messe, puis aux vêpres du village. Enfin,
le soir arriva, et Donatien se présenta au club.

(1) Cincinnatus, laboureur romain, fut trois fois appelé
à commander les armées. Vainqueur des ennemis, il re-
tournait à sa charrue. Général, consul, dictateur de la
république romaine, modeste et désintéressé dans les
premières places de l'Etat, pauvre avant, pauvre après la
victoire, puisse-t-il être imité (j'en désespère !) par les
chefs de la République française !

M. le duc parut le premier : on se tut respectueu-
sement, et il parla :

 « Mes concitoyens,

« Je me présente avec confiance devant vous
« parce que vous me connaissez comme je vous
« connais, comme vos pères et les miens se sont
« connus, aidés et aimés, depuis six siècles, dans
« cette commune. La fraternité, entre nous autres
« chrétiens, ne date pas d'hier ; elle n'est pas sortie
« d'un décret récemment publié, elle date de l'E-
« vangile, et c'est le Christ qui nous a commandé
« de nous aimer, de nous aider les uns les autres !
« En m'offrant à vos libres suffrages, je demande
« donc à vous servir et à servir la patrie.

« Vous servir : c'est continuer, au nom de votre
« mandat, la mission que je reçois chaque jour
« de mon cœur, et que chaque jour j'accomplis
« parmi vous.

« Servir la patrie : c'est, pour moi, entrer dans
« la voie de mes ancêtres, et marcher sur des
« traces où ils ont laissé, pour guider leurs en-
« fants, de la gloire, du sang et l'exemple de de-
« voirs généreusement remplis !

« Si, dans une nation, les institutions changent,
« la patrie reste !

« Si, dans l'homme, les idées changent, le
« cœur reste !

« Le cœur et la patrie ! c'est par l'un que je vis ;

« c'est pour l'autre que je veux vivre et mourir !... »

Le noble duc allait continuer, et déjà tous les suffrages lui étaient naturellement acquis, lorsque deux hommes sortant du cabaret voisin, entrent bruyamment. Essayant de garder un équilibre difficile, ils se posent de leur mieux devant la tribune, et, d'une voix tant soit peu avinée, ils s'écrient : « A bas l'aristocrate ! il ne sait pas ce qu'il « dit ! Vive Donatien ! voilà le vrai représentant « des travailleurs ! »

Un tumulte effroyable éclate dans l'assemblée : Donatien, stupéfait, indigné, se lève et proteste, de sa place ; mais déjà un homme paraît à la tribune : c'est le président du club, le socialiste. A sa vue l'ordre se rétablit :

« Citoyens,

« La voix du peuple s'est fait entendre. La voix « du peuple a nommé son élu !... Je dois vous en « féliciter, citoyens. Jamais je n'ai mieux senti avec « quelle rectitude instinctive le peuple choisit ses « mandataires, quand son choix est libre de toute « influence ; et je félicite, en particulier, nos deux « frères, échos spontanés d'un nom qui retentis- « sait dans toutes les consciences, et qui retentira « bientôt dans toutes les bouches !

« A quoi bon prolonger plus longtemps cette « séance décisive, et que reste-t-il à faire aux can- « didats qui pouvaient, il y a un instant, mais ne

« peuvent plus, maintenant, se présenter aux suf-
« frages sans aller évidemment contre la volonté
« du peuple souverain. Pour moi, je m'incline
« devant cette solennelle manifestation, et quoi-
« que ma candidature, grâce à la popularité ac-
« quise à mon nom par un dévouement de plu-
« sieurs semaines (1), soit assurée, j'y renonce en
« faveur du citoyen Donatien, votre compatriote,
« l'homme de votre choix (2), et je ne crois
« pas présumer trop des sentiments élevés du ci-
« toyen Montmorency en espérant qu'il suivra un
« exemple que lui-même me donnerait en ce mo-
« ment, s'il était à ma place.

. « Vive Donatien ! vive la république démocrati-
« que et sociale !

« Je déclare la séance levée. »

L'assemblée se retire au milieu des cris les plus
contradictoires d'applaudissement et de réproba-
tion ; et bientôt après le socialiste, rentrant à son
hôtel, se précipite dans les bras de Donatien, le félicite d'un triomphe d'autant plus honorable pour
lui qu'il n'a rien fait pour l'obtenir, et cherche, à
force de caresses calculées, à surprendre un con-

(1) Il parcourait ces contrées depuis *quinze jours*.
(2) Une circulaire du citoyen Ledru-Rollin, ministre
de l'Intérieur, conseillait aux agents du pouvoir de renoncer à la candidature, leur promettant en retour une
position consolante.

sentement qui complétera le succès de son coup de main électoral. Le terrassier se montre d'une froideur mêlée de répulsion : « Enfin, ajoute le socialiste, vous l'avez entendu, c'est à vous de répondre à la voix du peuple qui vous appelle.

— « La voix du peuple !... c'est-à-dire, Monsieur, tout simplement la voix de Grégoire et de Godaille, et encore leur raison n'était guère plus solide que leurs jambes !

— « Eh bien ! ces gens-là ne sont-ils pas des hommes du peuple ?

— « Des hommes du peuple, tant que vous voudrez, Monsieur, mais vous ne me ferez jamais entendre que deux hommes soient le peuple. Selon nous, le peuple, c'est tout le monde ou la plus grande partie du monde !

— « Sans doute, mon ami ; mais la volonté générale d'un peuple se manifeste par un organe particulier : deux ou trois hommes peuvent être les interprètes d'un sentiment universel.

— « A la bonne heure, il ne s'agit que de s'entendre. Quand je lisais dans les journaux : Le peuple a crié : Vive la République ! — Le peuple a crié : Vive Napoléon ! — Le peuple est libre ! — Le peuple est enchaîné ! — Le peuple veut la guerre ! — Le peuple veut la paix ! — Je me disais : Qu'est-ce donc que ce peuple-là, qui veut le pour et le contre, le blanc et le noir tout à la fois?... Et je n'y comprenais rien. A présent, je vois la soudure : un homme, deux hommes veulent une chose, donc le peuple la veut ; et, à ce compte, chacun de nous est le peuple tout entier ; et si moi je m'avisais, un jour, de mettre le feu à ma maison pour en chasser les araignées, on dirait, sur le journal, que le peuple français s'est avisé de mettre le feu à sa maison pour en chasser les araignées.

— « Donatien, ne sortons pas de la question : il s'agit de savoir si vous acceptez la candidature qui vous est offerte par les travailleurs.

— « Et de beaux travailleurs, vraiment ! Figurez-vous donc, Monsieur, que Godaille est un homme qui ne fait œuvre de ses dix doigts, et qui.....

— « Pauvre Donatien, que vos idées sont étroites ! ne vous élèverez-vous jamais jusqu'aux généralités ? Comprenez donc enfin que nous avons voulu établir dans la société deux catégories, et diviser les hommes en deux classes : la classe des travailleurs et la classe des oisifs.

« Quand nous parlons des travailleurs, nous entendons les innombrables prolétaires qui sont placés comme les premières assises dans le bas-fond de l'édifice social ; tous ceux que notre système d'organisation oblige, pour sustenter leur vie, au travail et aux sueurs.

« Voilà la première classe de l'humanité, la seconde comprend le reste des hommes ; c'est la classe des oisifs.

— « Comme ça, Godaille, qui a mangé et bu le peu de bien qu'il avait, qui passe au cabaret les trois quarts de son temps, n'a plus ni sou, ni maille et ni goût au travail, dans quelle classe le placez-vous ?

— « Mon ami, il appartient à la classe des travailleurs.

— « Comment ça peut-il se faire ? nous, nous appelons travailleurs ceux qui travaillent, et fainéants ceux qui ne travaillent pas ; et Godaille, qui ne travaille pas, est, chez nous, un fainéant.

« Comme ça, notre juge de paix (un brave homme, ma foi !) qui ne chiche ni peines ni démarches, et ferait bien six lieues pour arranger une affaire, empêcher un procès, dans quelle classe le mettez-vous ?

— « Il n'est pas de la classe des travailleurs.

— « Eh bien ! nous autres, nous l'appelons tous un travailleur fini.

« Comme ça, Grégoire, le maréchal qui, en se levant, est à la goutte, puis au vin blanc, puis au sommeil, et ne fait pas grand'chose dans l'après-midi (pourtant, toujours et partout avec son tablier et ses mains noires), de quel côté le mettez-vous ?

— « Mon ami, c'est clair, dans la classe des travailleurs.

— « Eh bien ! nous, qui ne savons pas que tout
est changé, nous disons, ici, que c'est un fainéant.

« Permettez que je vous dise encore : Ces dé-
bitants de belles paroles, qui n'ont jamais manié
ni la pioche ni le marteau, et qui avec cela vien-
nent enjôler les ouvriers et empêcher les travailleurs de travailler, dans quelle classe les mettrez-
vous, ceux-là?

— « Faut-il toujours vous rappeler à la question? Donatien, acceptez-vous votre candidature,
oui ou non?

— « Décidément, Monsieur, je n'accepte pas;
d'ailleurs, pourquoi tant me presser? Puisque vous
voulez un travailleur, nous avons ici, dans le
bourg, un menuisier qui ne tient guère à son ouvrage ni à sa famille : voilà votre représentant
tout trouvé, et ne pensez plus à moi. »

A une détermination si clairement exprimée, le
socialiste comprit que, désormais, il lui faudrait
renoncer à faire tomber dans ses piéges le simple,
mais intelligent villageois. Au reste, ces derniers
mots avaient été une heureuse indication qui mettait le socialiste sur la trace d'un autre candidat
moins avisé, peut-être, et plus facile à prendre,
alors il se montra magnanime (la magnanimité

sied si bien à un vaincu!) : « Donatien, dit-il, en
« lui tendant la main, je regrette sincèrement que
« vous refusiez la haute mission dont le gouver-
« nement vous ouvre les issues; mais avant tout,
« vous êtes libre, et n'est-ce pas à nous, apôtres de
« cette liberté, à la respecter dans tous ses sanc-
« tuaires? D'ailleurs, je ne dois pas vous le dissi-
« muler: la persévérance que vous avez montrée
« dans votre refus et la modestie qui en est la
« source vous ont encore grandi dans mon estime
« et dans mon amitié. Sans doute je ne songerai
« plus à vous pour la candidature à l'Assemblée
« nationale; mais les rapports qui nous unissent
« sont trop intimes pour être rompus à l'avenir.
« Juste appréciateur de votre mérite, je saurai le
« reconnaître et l'employer utilement, surtout
« lorsque mes projets humanitaires vont se con-
« centrer dans la sphère habituelle de vos connais-
« sances et de vos travaux. »

VI.

> Moi! gros fermier, j'aurai ma basse-cour remplie
> de poules, de poussins que je verrai courir!...
>
> .....C'est un coup d'œil charmant, et puis cela rapporte!
> Quel plaisir, quand, le soir, assis devant ma porte,
> J'apercevrai de loin revenir à pas lents
> Mes chevaux, mes moutons, suivis de mes enfants!
> Plus heureux que monsieur le Grand-Turc sur son trône,
> Je serai riche, riche, et je ferai l'aumône!
> Tout bas sur mon passage, on se dira : « Voilà
> « Ce bon Monsieur Victor! » Cela me touchera!
>
> (Les Châteaux en Espagne.)

Depuis quelques semaines, Donatien, oubliant la politique et les journaux, était redevenu le simple et bon Donatien d'autrefois. La paix était rentrée sous le toit de la famille; avec la paix, la confiance ; et avec la confiance, un bonheur d'autant plus doux, que l'absence en avait été plus cruelle.

Un dimanche, en allant au village, comme à son ordinaire, Donatien apprit que le nom du menuisier était sorti triomphant de l'urne électorale, et que ce travailleur allait bientôt porter à l'assemblée son éloquence et ses loisirs. Pour lui, on le félicitait, et lui-même se trouvait heureux d'un refus qui le laissait à son épouse, ses enfants et ses travaux.

De son côté le socialiste, enfin délivré du long enfantement d'un candidat travailleur, était rentré dans les limites de sa mission agricole. Du haut de son cabriolet, il avait un jour visité, exploré le sol infécond de ce pays délaissé, et dès lors il avait médité de larges créations : amendements, irrigations, assainissements, rien n'avait échappé aux combinaisons de ses théories et aux plans de son cabinet. Déjà, dans sa pensée, aux arides bruyères succédaient les produits les plus riches et les plus variés ; et au sein de ces terres régénérées par ses soins s'élevait, vaste et grandiose, une ferme-modèle d'où couleraient sur les champs d'alentour, la fécondité et la vie, et où rentreraient sans cesse la richesse et l'abondance.

Le travail intellectuel était achevé ; mais, pour la mise en œuvre de ses desseins, la pratique et l'expérience lui semblaient nécessaires : tout cela lui manquait et devait lui manquer. En effet, comprenez-vous ce que peut connaître, en procédés agricoles, un homme qui, hier, écrivait sur la constitution, la guerre ou la marine, et se trouve, aujourd'hui, tout à coup, délégué du ministère de l'agriculture ?

Les révolutions offrent un curieux spectacle. De leur impétueux tourbillon s'élance un essaim de jeunes capacités qui bourdonnent en s'élevant dans les airs et s'abattent brusquement sur le grand arbre 'chargé de fleurs et de fruits qu'on appelle l'*administration*. Insectes légers et avides, ils voltigent d'emplois en emplois, et sucent tour à tour les douceurs de toutes les places.

Avez-vous pu voir sans un sourire d'admiration une foule d'hommes sortant naguère, les uns des bureaux du journalisme, les autres de l'antre des sociétés secrètes et de la franc-maçonnerie, grimper alerte aux *ministères,* aux *directions,* aux *inspections,* aux *préfectures;* puis, à peine assis sur ces plateaux supérieurs, hisser en toute hâte aux positions inférieures échelonnées sur les flancs de l'élévation qu'ils occupent, frères, neveux, cousins et arrière-cousins. Si vous demandez leurs titres, c'est-à-dire, des études préparatoires, des connaissances spéciales, un savoir-faire pratique acquis dans des stages placés à l'entrée des carrières difficiles, ils vous disent, et cela répond à tout : « Notre parti n'a-t-il pas triomphé, hier, derrière « les barricades? A nous donc les emplois! » Ce droit est incontestable, et ce qui ne l'est pas moins, c'est l'inaptitude, c'est l'ignorance de ces administrateurs improvisés. De là, le proverbe désormais reçu en France : « *Ignorant comme un minis-*

« tre de l'*Instruction publique*; *étranger au droit*
« *comme un ministre de la Justice*; *irréligieux*
« *comme un ministre des Cultes.* »

Nous ne pouvons nier que notre socialiste et son
ami le ministre de l'agriculture, qui l'avait délégué, ne fussent dépourvus, comme tant d'autres,
des connaissances qu'exigeaient leurs nouvelles
fonctions. Jusque-là, artistes et lettrés, élevés dans
Paris, ils connaissaient les écoles, les théâtres et
les estaminets; mais ils n'avaient jamais vu de près
ce que c'est qu'une charrue; et pour s'en donner
une idée, il fallut ingénieusement décréter, dans
le programme de la fête de la Concorde, qu'une
charrue placée sur un char serait promenée dans
les rues de Paris (1). Le ministre et le délégué sui-
virent le rustique attelage dans un religieux re-
cueillement, et firent d'un jour de fête un jour
d'études sérieuses et spéciales.

Notre socialiste n'avait donc de notions positives
en agriculture que ce qu'il avait appris à la vue de
la charrue parisienne; or, au moment de fonder
une ferme-modèle, il sentit vivement l'impérieuse
nécessité de s'adjoindre un homme-pratique con-
sommé dans tous les travaux agricoles, réunissant
à la probité l'économie et l'intelligence si nécessai-

(1) Un char attelé de seize chevaux de labour portera
une charrue au milieu d'un groupe d'épis et de fleurs.
(*Programme de la fête du Champ-de-Mars.*)

res à la création, à la direction d'un établissement de cette nature. Un riche cultivateur n'aurait pas voulu se lancer dans des voies hasardées, inconnues ; et, d'ailleurs, le prolétaire n'est-il pas le fils privilégié de la démocratie? Le socialiste eut bientôt trouvé l'homme pauvre, honnête, laborieux, expérimenté qu'il cherchait, car il n'avait point oublié le terrassier de la chaumière, l'ancien colon d'Afrique.

Un beau soir du mois de mai, il vint donc le trouver, alors qu'il finissait sa journée, et, s'asseyant avec lui sur la mousse, au pied d'un gros poirier sauvage, il engagea une conversation amicale. D'abord, on parla de choses indifférentes ; puis, le socialiste félicita Donatien de la bonne façon de son travail, de la précoce intelligence de ses enfants, de la franche cordialité de son épouse. L'amour paternel et conjugal était doucement flatté de ces compliments, et Donatien se sentait naître de la confiance pour un monsieur qu'il trouvait si aimable. Quand la persuasion veut aller à l'esprit, son plus court est de passer par le cœur : le socialiste, pour atteindre son but, avait déjà fait la moitié du voyage. Alors, il aborda peu à peu la question d'améliorations agricoles. Il lui fit comprendre comment des terres incultes pouvaient, avec des soins et d'intelligentes réformes, se couvrir de substances céréales, légumineuses et fourragères ; les moyens étaient faciles : une ferme riche et bien gouvernée était fondée au sein du sol aride sur lequel elle étendait sa domination ; les engrais étaient énergiques et multipliés ; les agriculteurs étaient des hommes laborieux, opiniâtres, patients. Sans doute, au commencement, le taux des produits couvrait à peine les dépenses de la culture, mais, la seconde année, les récoltes étaient doublées, puis triplées, puis enfin riches et abondantes. Alors, le socialiste appuyait de mille et mille exemples ces vérités déjà irréfragables. Donatien écoutait et approuvait tout haut, car lui aussi pouvait citer son ancienne expérience de colon africain. D'ailleurs, si jamais une ferme allait s'élever ici, bien sûr que le travail ne lui manquerait pas, à l'avenir.

Jusque-là, l'institut agricole n'était, dans la conversation, qu'une hypothèse. Bientôt, ce fut une proposition, et enfin un projet définitif qui devait assurer à Donatien son bonheur et celui de toute sa famille. Le sol où l'intelligence du soldat villageois avait dressé sa misérable cabane était l'emplacement même que les ingénieurs avaient choisi pour l'institut futur, et Donatien devenait, sous la surveillance de l'État, le premier directeur de cette ferme-modèle.

Cette ravissante perspective éblouit les yeux de Donatien, peu accoutumé à voir de si près la fortune. Cette fois, ce n'était plus une fonction inconnue, trop pesante et trop haute pour lui, qui l'arrachait à sa famille et à son ouvrage, c'était simplement son travail de chaque jour et de chaque année continué sur de plus larges proportions. Alors, que pouvait-il objecter? Sa misère? le gouvernement lui fournissait les fonds. La responsabilité? l'État l'acceptait tout entière. Le besoin de garantie? on lui assurait une indemnité de 10,000 francs le jour même où il serait forcé de quitter l'administration. — Dès lors, comment donc hésiter sur une entreprise dont il devait recueillir tous les fruits, sans en avoir à craindre les mauvais résultats?

Donatien se hâte donc d'aller communiquer à Marie les propositions du socialiste; il comprend combien elles sont avantageuses, mais il craint de ne pouvoir les faire accepter à son épouse. Alors, il commence à lui parler de l'avenir de ses enfants, objet le plus ordinaire de leurs entretiens; il ne peut plus s'empêcher de prévoir qu'il ne leur laissera pour tout héritage qu'une pauvre cabane en ruine: ses forces diminuent, et la vieillesse, qui s'approche pour lui et pour elle, sera peut-être malheureuse, si le bon Dieu ne leur vient en aide par quelque secours inespéré..... Puis, Donatien expose de son mieux les projets du gouvernement sur le défrichement des immenses terrains incultes qui s'étendent à plus d'une demi-lieue, au midi de la chaumière..... Sûrement l'entreprise réussira, car plusieurs fois, en sondant le terrain, lui-même en a reconnu les bonnes qualités..... Au reste, un grand nombre d'ouvriers se trouvent sans travail, et cette heureuse entreprise leur fournira de l'ouvrage.

Enfin, il lui découvre à quelles conditions il devait lui-même entrer dans cette affaire : sa chaumière lui sera payée quatre fois sa valeur ; et, à sa place, de beaux bâtiments seront élevés, où bientôt Marie et ses enfants, logés sainement et proprement, n'auront plus à souffrir le froid, le vent, l'humidité. Lui, maître dans la ferme, choisira et renverra à son gré les domestiques ; Marie, seule, se trouvera chargée du gouvernement de la cuisine et de la basse-cour ; toutes les servantes dépendront d'elle et marcheront sous ses ordres.

La femme de Donatien écoutait attentivement ces merveilleuses révélations, et, malgré sa répugnance à changer de position, elle paraissait accepter, avec un plaisir mal dissimulé, le rôle de maîtresse de ferme. — « Si je me résigne à aller là, ce n'est pas pour moi, car je ne tiens pas aux belles demeures, c'est pour nos enfants, qui seront plus chaudement logés en hiver, et pour toi, Donatien, parce que j'entrevois que tu pourras avoir moins de peine et plus de profits. — Toutefois, elle avait mille objections à faire : « Au bout d'un certain temps, ne les mettrait-on pas à la porte, et, alors, que devenir? Et si l'entreprise venait à manquer? Et puis, on ne saurait trop craindre les grandes affaires, car le revers est souvent au bout. — Chaque objection amenait une réponse prompte et péremptoire : toute garantie lui était assurée, et le gouvernement répondait de tout.

Ce fut dès lors une affaire arrêtée entre Donatien et sa femme, et bientôt après, entre Donatien et le délégué du ministère.

Quelques jours à peine écoulés, Donatien aperçoit le socialiste qui se dirigeait vers sa maison. Il tenait dans sa main une lettre qu'il lisait et relisait avec une profonde attention, et qui paraissait vivement le préoccuper. « Singulier système, se disait-il, en agitant la tête et en murmurant tout bas, singulier système, qui fait des fonctionnaires autant de voltigeurs : hier, aux élections; aujourd'hui, à l'agriculture; demain, sur les pavés de Paris; toujours recommencer et ne jamais finir! Faut-il donc, à chaque instant, faire une révolution nouvelle parce que deux ou trois des nôtres ne sont pas encore placés!..... Après tout, je serai utile au triomphe de la république démocratique et sociale, et je pars dès demain! »

Cependant le socialiste était arrivé à la chaumière de Donatien; il y fut accueilli avec la cordialité due à un puissant bienfaiteur : « Mon ami,

dit-il en souriant au terrassier-colon, une heureuse circonstance vient avancer le jour où vous
passerez à une existence meilleure. De nouveaux
événements nécessitent ma présence à la capitale ;
ce sera pour moi l'occasion de hâter l'exécution de
notre projet, et, dans cinq jours, je reviens avec
les architectes ; les plans sont dressés et le travail
commence. Mais il faut, avant tout, déblayer le terrain. Courage donc, mon ami, et, dès demain,
abattez la chaumière que devra remplacer un château. »

Donatien le lui promit. Pendant quelque temps
encore on parla de construction, de culture et de
ferme ; puis le socialiste se retira, annonçant, pour
quelques jours après, un prompt et fortuné retour.

VII.

Le temps pressait, on ne pouvait plus différer.
Les deux époux transportèrent chez Jean-Louis,
leur voisin et leur ami, tout ce qu'ils possédaient,
c'est-à-dire, leur petit ménage et leurs enfants ;
puis, un matin, Donatien se mit à l'œuvre. Pensif
et rêveur, il regarda quelque temps sa maison,
puis lui porta les premiers coups. Ses outils, ce jour-
là, lui paraissaient plus lourds qu'à l'ordinaire.
De temps en temps il s'arrêtait, et, s'appuyant sur
un pan de muraille à moitié écroulé, il se mettait
à penser en lui-même : « Quand je revins du régi-
« ment, je n'étais pas riche, mais j'avais, grâce à
« Dieu, des bras et du courage, je me suis bâti
« moi-même ma petite maison, et, pendant huit
« années, je n'ai pas couché dehors.... Pauvres
« enfants ! c'est vraiment bien dommage ! plus
« tard, j'aurais pu vous montrer le lieu où votre
« mère vous a donné le jour, où tant de fois j'ai
« bercé votre enfance !..... Il faut en convenir, ma
« chaumière était humide et froide ; mais bâtie de

« ma main, elle m'appartenait, et, en y rentrant
« le soir, je m'estimais alors plus heureux que le
« roi, car elle était à moi !... Qu'est-ce que je dis
« là ! je parle encore de roi ; la révolution l'a dé-
« logé bien vite..... moi, du moins, je me déloge
« moi-même. Lui, à présent, ne sait peut-être où
« donner de la tête ; et moi, dans quelques jours,
« je verrai les architectes bâtir ma riche habitation.
« Il est donc vrai que *les révolutions veulent le bien*
« *des châteaux et du bien aux chaumières.* »

Alors Donatien, reprenant son pic et son marteau, frappait quelques coups et méditait encore.

Marie, retirée à la ferme voisine, regardait souvent du côté de sa demeure, et quand elle vit tomber le chaume du faîtage, elle resta pensive et
mélancolique, et répandit quelques pleurs.

Le lendemain au soir, il n'y avait plus rien au
coin de la forêt, que quelques débris épars confu-
sément, plus rien que la place de la chaumière.

Alors Donatien et Marie attendirent avec impa-
tience. L'espérance, comme la crainte, rend nos
jours moins supportables et plus longs ; mais les
époux savaient en charmer les ennuis en se berçant
entre eux dans des rêves de bonheur. Ils jouissaient
déjà, par la pensée, d'une existence aisée, paisible,
indépendante ; et le jour qui devait en amener la
réalisation allait se lever bientôt, et peut-être demain.

Il ne se leva jamais ! Déjà, des bruits sinistres

circulaient, dans le bourg et dans les champs. On se disait qu'à la capitale avait éclaté un mouvement séditieux contre l'Assemblée nationale envahie, violée, dispersée un instant (1). L'ordre avait enfin triomphé, les factieux étaient pris et renfermés à Vincennes, et parmi eux se trouvait, disait-on, le socialiste, le président du club, le bienfaiteur de Donatien.

Ces funestes nouvelles arrivèrent bientôt sous le toit de Jean-Louis, et Donatien acquit la triste connaissance de son infortune. Mais on croit difficilement aux grands malheurs, comme aux joies im-

(1) Le 15 mai 1848, l'émeute a tenu trois heures durant l'Assemblée nationale sous le coup de ses violences.

Le citoyen Huber s'écrie : « Au nom du peuple, je déclare que l'Assemblée nationale est dissoute. »

Le citoyen Barbès demande le vote d'un milliard d'impôts sur les riches.

Un factieux : « Voici la liste du nouveau gouvernement provisoire que je propose à l'acceptation du peuple : Barbès — Louis Blanc — Ledru-Rollin — Blanqui — Huber — Raspail — Caussidière — Etienne Arago — Albert — Lagrange. »

On arbore, sur le bureau du président, un étendard surmonté d'un bonnet rouge et accompagné d'une épée.

Un autre factieux : « Voici la bonne liste du nouveau gouvernement provisoire : Cabet — Louis Blanc — Pierre Leroux — Raspail — Considérant — Barbès — Blanqui — Proudhon. »

Un autre factieux : « Mes amis, ne nommez pas tant de socialistes, vous feriez tort à notre cause. »

(*Assemblée nationale, séance du 15 mai 1848.*)

prévues : les deux époux attendirent donc encore. Enfin, l'homme des riches promesses n'apparaissant point, le doute devint impossible, et aux espérances évanouies succéda la plus inattendue, la plus accablante des douleurs.

La religion, qui a prévu que partout il y aurait des souffrances, a placé partout, sur cette vallée des pleurs, un homme chargé de les tarir ou de les essuyer. Cet homme, c'est le curé. Qu'elle est belle, la part que le Seigneur a faite en ce monde au curé de campagne ! Quand un pauvre artisan n'a plus de force pour gagner le pain de chaque jour, il médite une visite à son curé. Si la maladie frappe l'enfant et que les remèdes soient impuissants, la mère désolée regarde le ciel, va demander à son curé une prière pour sa fille et une consolation pour elle. Les larmes de ceux qui souffrent dans sa paroisse prennent leur cours vers son presbytère, et affluent au cœur de l'homme de Dieu, pour y perdre leur amertume dans cette source de charité. Comme la souffrance ramène à Dieu, la souffrance ramène au prêtre, son image ici-bas. Conduite par ce sentiment de la nature, l'inconsolable Marie vint verser aux pieds du vieux pasteur ses larmes et ses plaintes : « Hélas ! la providence nous « réservait-elle à ces douleurs ? qu'avions-nous fait « pour mériter ces peines ? Mon Dieu ! mon Dieu ! « sous notre chaume, nous étions si heureux ! et « maintenant pour avoir écouté les paroles flatteu-

« ses d'un homme qui se disait notre ami, nous
« voilà sans asile !..... Ma pauvre chaumière !.....
« Et encore, le cruel ! c'est par la main de mon
« mari qu'il a fait abattre le toit où j'abritais mes
« enfants..... A présent, que devenir ?..... » — Le
bon curé était ému comme elle ; le spectacle de tant
de douleurs qui avaient passé sous ses yeux n'avait
fait qu'attendrir son âme à la pitié. C'était à sa foi
et à son cœur qu'il empruntait des consolations
pour toutes les misères :

« Ma fille, ne pleure pas, c'est la résignation qui
nous gagne le ciel. N'accuse pas le Seigneur d'in-
justice ou de sévérité, ses châtiments sont des fa-
veurs, chaque larme est une perle de plus à la cé-
leste couronne. Tu servais Dieu dans les jours de
ta joie, tu le serviras mieux encore dans tes jours
de douleur. Joie et douleur ! ce sont, ma fille, deux
cordes par lesquelles Dieu tient nos cœurs suspen-
dus dans ce monde et les balance à son gré. La
corde de la joie s'use vite et dure peu ; celle de la
douleur est plus fortement tressée, elle ne se
rompt jamais, et c'est par elle que notre Père, qui
est dans les cieux, attire et remonte nos cœurs auprès de lui ! »

La charité chrétienne n'a pas que des consolations à donner, elle est encore ingénieuse à procurer des secours. Le bon curé se chargea d'intéresser
au malheur de Donatien le duc, sa famille et les
fermiers voisins, et bientôt, à la voix du pasteur,

accoururent au secours de Donatien tous les habitants du village ; car tous l'aimaient comme un frère. Les uns apportèrent de chez eux le bois nécessaire à la reconstruction, les autres la paille ; ceux-ci préparaient les mortiers, ceux-là dressaient la charpente. Les femmes elles-mêmes, et aussi la bonne duchesse et ses filles, se pressaient autour de Marie, et environnaient de soins, d'attentions et de caresses la mère et ses petits enfants. On vit même une veuve très-âgée, pauvre et aveugle, se faire conduire auprès de la famille désolée, et tirer de son cœur, riche de foi et d'amour, des consolations qui n'ont point été les moins douces à l'âme de Donatien. Le curé, la regardant, s'écria : « Cette « aveugle, qui ne donne que des paroles et des « larmes au malheur de Donatien, a plus fait pour « lui que nous tous : Pauvres, aimez-vous les uns « les autres ! »

Tous ces braves gens travaillaient donc avec ardeur au rétablissement de la chaumière, et, en travaillant, ils plaignaient Donatien de s'être montré trop crédule aux promesses du socialiste, et ils se disaient entre eux : « A écouter ces messieurs-là, « qu'avons-nous à gagner ? Pour parvenir à la féli- « cité qu'ils promettent, et qui n'est pas sûre, il « faut commencer par détruire le peu que nous « possédons..... Est-ce qu'on ne voit pas ce qu'ils « veulent ? — Ils veulent tout simplement se servir « de nos bras (comme il vient d'arriver à Dona-

« tien) pour renverser l'ordre actuel qui nous
« garde et nous protége. Puis, quand nous aurons
« fait cette grande ruine, savez-vous quelle sera
« notre part? — Les fatigues, les dangers et la
« poussière de la démolition seront pour nous,
« travailleurs; mais les bons débris et les précieux
« matériaux seront pour messieurs les socialistes...
« D'ailleurs, c'est toujours comme cela : ils ont,
« feignent-ils, une grande compassion pour les
« misères du peuple, le peuple a la simplicité de
« les croire, et, pour les avoir crus, il devient plus
« malheureux qu'il n'était auparavant..... »

Pendant que nos généreux villageois échan-
geaient entre eux ces réflexions pleines de justesse
et de bon sens, l'asile de la pauvre famille se re-
levait, les larmes de Marie se séchaient, et Donatien
retrouvait son bonheur perdu, avec une forte leçon
qui lui apprendra à se défier de ceux qui se pré-
sentent au peuple revêtus de peaux de brebis, et
sont, en réalité, des loups ravissants.

C'est ainsi que la charité chrétienne répara les
ruines faites par le socialisme, et réparera toujours les désastres de l'erreur.

L'erreur n'a donc de puissance que pour détruire; la religion seule a reçu de Dieu la force
qui édifie, répare et conserve.

Cette vérité s'applique aux empires comme aux
chaumières.

FIN.